Para: Erick
Con cariño y amor
De: Sus Padres
Alfredo y Margarita

Investigación literaria:
María Eugenia Díaz Cafferata - Enriqueta Naón Roca

Dirección de Arte: Trinidad Vergara
Diseño: Renata Biernat

Ilustraciones: ©Superstock
Fotocromía: DTP Ediciones


www.vergarariba.com

ARGENTINA: Ayacucho 1920 (C1112AAJ) Buenos Aires
Tel./Fax: (54-11) 4807-4664 y rotativas
e-mail: editoras@vergarariba.com.ar

MÉXICO: Galileo 100, Colonia Polanco - México DF 11560
Tel./Fax: (525) 55-220-6620/6621
e-mail: editoras@vergarariba.com.mx

ISBN: 987-9201-16-7

Impreso en China por AVA Books Production Pte. Ltd.

Printed in China

10ª Edición: Noviembre de 2003

Edición de Lidia María Riba

*Vergara & Riba*
*Editoras*

# Los obstáculos

Goza este día porque es la vida. La misma vida de la vida.
En su breve curso estarán todas las realidades
y verdades de la existencia: la dicha del crecimiento,
el esplendor de la creación, la gloria del poder.

Porque ayer es sólo un sueño y mañana sólo una visión.
Pero el hoy, bien vivido, hace del ayer un sueño
de felicidad y de cada mañana, una visión de esperanza.

*Antiguo texto en sánscrito*

Zambúllete en el medio de las cosas, ensúciate las manos, cae de rodillas y después, trata de alcanzar las estrellas.

*Joan L. Curcio*

La vida sin miedo libera nuestras mejores facultades: la mirada limpia, la alegría inocente, el asombro espontáneo. El grado en que logremos liberarnos de nuestros miedos será la medida de nuestra entrega generosa y confiada a la vida.

Carlos González Vallés

El sudor: para regar la historia y el dolor: para labrar la vida.

Antonio Gracia

La contrariedad no es una piedra en tu camino. Depende de ti transformarla en un escalón que te permita subir más arriba.

Franco Molinari

Cuanto más grande es el obstáculo, mayor la gloria de haberlo superado.

Molière

Nunca defenderé el dolor, y es obligación de toda persona que se considere humana cooperar en su destrucción. Pero afirmo que los que sufren poseen la potencia de saber crear y que, desde el dolor, se consiguen fuerzas para desarrollar la vida.

J. Borão

Hay derrotas que tienen más dignidad que la misma victoria.

Jorge Luis Borges

Si la noche es tan oscura que no llegas a divisar tus propias manos, puedes estar seguro de que el alba está muy cerca.

Proverbio tradicional

Ahora es tiempo de renovarse,
de esperanzas nuevas.
Es posible ir hacia la luz.
Es posible ir hacia una nueva primavera
llena de luz, de horizontes nuevos.
¡Levántate y elévate!

Phil Bosmans

Cuando una flor muere, nace una semilla; cuando una semilla muere, nace una planta. Y la vida sigue su camino más fuerte que la muerte.

Rabindranath Tagore

El presente no es más que el esfuerzo del pasado por convertirse en porvenir.

Miguel de Unamuno

Puede que te decepciones si fallas, pero estarás perdido si no lo intentas.

Beverly Sills

Cómo seríamos felices si quitáramos tensiones, si pensáramos lo mejor, si el futuro fuese nuestra meta... Acaso entonces entenderíamos mejor que nos han puesto en los corazones un campo sembrado donde nace el mañana. Y habría razones para agradecer a los que se aventuran con dudas y con riesgo, a los que abren camino hacia lo desconocido.

Antonio Alonso

Anteponemos el miedo para no dejar pasar a nuestro futuro.

Rudolf Steiner

¡Cuántas veces nos arrinconaríamos en nosotros mismos para refugiarnos! Y sin embargo, dentro están nuestras armas: las alas de oro de la inteligencia, el escudo de plata de la voluntad, la lanza viva de las palabras, las sandalias rojas del coraje. ¡Qué pocas veces desenvainan los hombres sus almas!

José Luis Martín Descalzo

Tememos tanto el éxito como el fracaso. La diferencia está en que el miedo al fracaso es patente, mientras que el miedo al éxito permanece oculto y por eso mismo puede hacer más daño. Nos interesa sacarlo de las sombras para abordarlo de frente.

Carlos González Vallés

Los pescadores saben que el mar es peligroso y la tormenta, terrible. Pero este conocimiento no les impide hacerse a la mar.

Vincent Van Gogh

# La acción

Tú eres lo que es el profundo deseo que te impulsa.
Tal como es tu deseo es tu voluntad.
Tal como es tu voluntad son tus actos.
Tal como son tus actos es tu destino.

*Brihadaranyaka Upanishad*

El error más grande lo cometes cuando, por temor a equivocarte, te equivocas dejando de arriesgarte en tu camino.

No se equivoca el hombre que ensaya distintos caminos para alcanzar sus metas. Se equivoca el que, por temor a equivocarse, no camina.

No se equivoca el hombre que busca la verdad y no la encuentra; se equivoca el que, por temor a errar, deja de buscarla.

*René Trossero*

Aunque supiera que el mundo se desintegrará mañana, igual plantaría mi manzano.

Martin Luther King

La vida desea seguir caminando,
creciendo, madurando...
La vida nos solicita que rehagamos
los senderos torcidos;
que abramos cauces
a las posibilidades estancadas,
que sanemos lo herido;
que cuidemos lo sano...

Juan Aguirre

Decídete, actúa y enfrenta a las consecuencias, pues nada bueno se ha hecho en este mundo titubeando.

Thomas H. Huxley

Nuestros sueños pueden convertirse en realidad si los deseamos tanto como para ir tras ellos.

Walt Disney

¡Adelante! Por los caminos malos, si no hay otros; por los buenos, si es posible. Pero adelante, adelante a pesar de todos los obstáculos para lograr el fin.

Charles Dickens

La única forma de descubrir los límites de lo posible es yendo más allá de ellos, a lo imposible.

Arthur C. Clarke

¡Suéltate! ¡Libérate! ¡Vuela! Y todo lo que el universo produce de bello y grandioso será alimento para tu corazón, inspiración para tu mente y luz para tus ojos.

C. Torres Pastorino

La imaginación tiene siempre poderes de resurrección que ninguna ciencia puede igualar.

Ingrid Bengis

Busqué consejos y colaboración de cuantos me rodeaban, pero jamás su permiso.

Mohamed Ali

El hombre con esperanza no vive de ilusiones. Conoce sus límites, las dificultades de la vida y de los hombres, pero lucha por mejorar el mundo.

Paul Debesse

Mi madre me sugirió escribir un cuento para paliar el aburrimiento de una convalecencia y le dije que no sabía hacerlo. "¿Cómo lo sabes si nunca lo has intentado?" me preguntó.

Agatha Christie

No digas con palabras melancólicas
que el mundo es sólo ensoñación vacía
junto a un pálido fuego que no tiene
el resplandor que antaño prometía.

Nunca en la luz del porvenir confíes,
que lo marchito duerma en el pasado;
actúa ahora, en el presente vivo,
que Dios impulsa al corazón osado.

De pie: marchemos decididamente
para enfrentar la suerte como sea
dispuestos siempre a conocer el gozo
del amor, la ilusión y la tarea.

Henry W. Longfellow

Una vida transcurrida cometiendo errores no sólo es más honorable sino más útil que una vida sin hacer nada.

George Bernard Shaw

Muchas veces, por no poder dar el giro de ciento ochenta grados, no intentamos ni el de cinco y no nos decidimos hacer esos mínimos cambios que hacen toda la diferencia.

Jorge Gadea

El verdadero viaje de descubrimiento no consiste en buscar nuevos paisajes sino en tener nuevos ojos.

Marcel Proust

Hay otros mundos, pero están en éste.

Paul Eluard

No existen pequeños objetivos. Todo lo que intentamos realizar es tan importante y tan grandioso que debe llenarnos de alegría y satisfacción.

H. Schlesinger

Soy el polvo y el anhelo
puesto en perpetua guerra
soy un poquito de tierra
que tiene afanes de cielo.

José María Pemán

Hacen falta veinte años para alcanzar el éxito de la noche a la mañana.

Eddie Cantor

Ama la vida así como es, con sus días oscuros y sus días de sol, con sus lágrimas y sus sonrisas, con sus derrotas y sus victorias.

G. Gladstone

La utopía está en el horizonte. Me acerco dos pasos, ella se aleja dos pasos. Camino diez pasos y el horizonte se corre diez pasos más allá.
¿Para qué sirve la utopía? Para eso sirve: para caminar.

Eduardo Galeano

Por ningún concepto caviles sobre tu propio error, ni te atormentes incriminándote. Revolcarse en el lodo no es la mejor manera de limpiarse.

Aldous Huxley

Si quieres triunfar en la vida,
haz de la perseverancia, tu mejor amiga;
de la experiencia, tu sabio consejero;
de la prudencia, tu hermano mayor;
y de la esperanza, tu genio guardián.

Joseph Addison

Tan a destiempo llega el que va demasiado de prisa como el que se atrasa.

William Shakespeare

Nadie puede escribir un libro. Para que un libro sea verdaderamente, se requieren la aurora y el poniente, siglos, armas y el mar que une y separa.

Jorge Luis Borges

Si corres detrás de la felicidad, ésta te eludirá. Como si trataras de atrapar una mariposa. Corre detrás de ella y la mariposa volará, pero relájate y pon atención en otra cosa y la bella mariposa estará dispuesta a posarse en tu hombro.

J. Powell

Concédeme un alma a la que sea extraño el aburrimiento,
que no conozca quejas, ni suspiros ni querellas.
Señor, concédeme sentido del humor.
Dame la gracia de aceptar una broma,
para conocer un poco de felicidad en la vida
y para compartirla con los demás.

Tomás Moro

Las cosas difíciles llevan mucho tiempo. Lo imposible puede tardar un poco más.

Anónimo

Déjenme que les cuente el secreto que me ayudó a alcanzar mis objetivos. Mi fuerza reside sólo en mi tenacidad.

Luis Pasteur

No puedes vencer a alguien que no se rinde.

Babe Ruth

No enumeres jamás en tu imaginación lo que te falta. Cuenta, por el contrario, todo lo que posees. Verás, en suma, que la vida ha sido espléndida contigo.

Amado Nervo

Dios nos escucha cuando nada nos responde. Está en nosotros cuando nos creemos solos. Nos llama cuando nos abandona.

San Agustín

Nunca trates de disuadir a quien esté avanzando, no importa cuán lentamente lo haga.

Platón

Nuestra mayor debilidad reside en que tendemos a abandonar. La manera más segura de lograr los objetivos siempre es intentarlo una vez más.

Tomás A. Edison

No hay necesidad de salir de la habitación. Basta con sentarse a la mesa y escuchar. Ni siquiera es necesario escuchar, sólo esperar. Ni siquiera hay que esperar, sólo aprender a estar en silencio. El mundo se te ofrecerá libremente para ser descubierto.

Franz Kafka

Un hombre libre es, a la fuerza, inseguro. Un hombre pensador es, a la fuerza, dubitativo.

Eric Fromm

Nunca mires atrás para ver lo que has andado. Mira tu corazón que lleva un mundo guardado de auroras y anochecidas.
Atahualpa Yupanqui

Dame, Señor,
agudeza para entender,
capacidad para retener,
método y facultad para aprender,
sutileza para interpretar,
gracia y abundancia para hablar.

Dame, Señor,
acierto al empezar,
dirección al progresar
y perfección al concluir.

Santo Tomás de Aquino

¿Quieres ser algo?¿Quieres valer algo? Fórjate una voluntad de acero, incontrastable, que no quiera ceder ni ante los oleajes de los contratiempos, ni ante las caricias de los halagos.

L. J. Actis

No te enfrentes al huracán. Inclínate y conviértete en el viento.

Pablo Hernández

A los seres humanos se les dieron dos pies para que no tuvieran que permanecer en un mismo lugar. Pero, si se quedaran quietos más a menudo para poder aceptar y apreciar, en lugar de ir de aquí para allá intentando apoderarse de todo lo que pueden, entenderían verdaderamente lo que es la ambición del corazón.

Robert Fisher

Para terminar primero, primero tienes que terminar.

Rick Mears

Los diamantes son carbones que permanecieron en sus puestos.

Minnie Richards Smith

Hay cosas sencillas de efectos fecundos. Una de ellas es contemplar las estrellas en la soledad del monte.

Francisco García

Ve tras lo que te haya inspirado y sé paciente.

El Corán

# El triunfo

La historia ha demostrado que los más notables triunfadores superaron enormes obstáculos antes de lograr el éxito. Lo lograron porque se rehusaron a rendirse después de sus derrotas.

B. C. Forbes

Nada es tan real como un sueño y, si vas tras él, algo maravilloso te sucederá: puede que envejezcas pero jamás serás viejo.

Tom Clancy

Algunos abandonan sus objetivos justo cuando están por alcanzarlos mientras que otros, por el contrario logran la victoria esforzándose con un último impulso antes de rendirse.

Polibio

Lo que hagas será más importante que lo que logres. Y cómo te sientas por ello, será aún más importante que lo que hayas hecho.

Jerry Gilles

Lo importante es seguir aprendiendo, disfrutar de los desafíos y tolerar la ambigüedad pues, en definitiva, no hay certezas.

Marina Horner

El éxito en la vida podría definirse como el crecimiento continuo de la felicidad y la realización progresiva de unas metas dignas. El éxito es la capacidad de convertir fácilmente los deseos en realidad.

Deepak Chopra

Las personas alegres no son necesariamente aquellas con una visión optimista de la vida, capaces de relativizar siempre la seriedad de un momento o un hecho, sino las que ven con ojos abiertos la realidad de la existencia humana, pero sin sentir que ésta los aprisiona.

Henri Nowen

Hace falta una persona con una misión para que un objetivo sea logrado.

Clarence Thomas

Hay mañanas en que uno abre la ventana y tiene la impresión de que el día lo está esperando.

Charles Baudelaire

Si puedes llegar a través de la nieve, la tempestad y la lluvia, sabrás que podrás llegar cuando brille el sol y todo esté bien.

Malcolm X

La alegría es el estado que colorea y madura los últimos frutos.

J.P. Rilcker

Felices los que avanzan,
los que creen en el futuro,
los que tienen esperanza,
los que aman el riesgo porque confían,
los que se sacrifican por el nacimiento de lo nuevo.

Antonio Alonso

Si he podido ver más allá que los demás, es porque me he parado en los hombros de un gigante.

Isaac Newton

Yo preferiré siempre a los que sueñan... aunque se equivoquen; a los que esperan... aunque a veces fallen sus esperanzas; a los que apuestan por la utopía... aunque luego se queden a medio camino. Apuesto por los que confían en que el mundo puede y debe cambiar; por los que creen que la felicidad vendrá. Sólo de los que esperan será el reino de la felicidad.

José Luis Martín Descalzo

El mejor aterrizaje es el que te deposita en tierra, sano y salvo.

Comandante Alfredo Passo

Porque a veces se caen los puentes, se cierran las ventanas y las puertas... y no queda más que un penacho azul para escapar de las tinieblas... el penacho de humo de los Sueños.

León Felipe

Al hombre le interesan las cosas maravillosas; entonces, las inventa. Y se asombra.

Edgar Watson Howe

¿Mi fórmula para el éxito? Levantarme temprano, trabajar hasta tarde, encontrar petróleo.

Jean Paul Getty

Ya se han escrito todas las buenas máximas. Sólo falta ponerlas en práctica.
Blas Pascal

Hay que llegar a la cima,
arribar a la luz,
darle un sentido a cada paso,
glorificar la sencillez de cada cosa,
anunciar cada día con un himno.

Hamlet Lima Quintana

...Hemos nacido para volar y tenemos la obligación de remontar una y otra vez el vuelo. Te lo digo yo que me he derrumbado y estrellado muchas veces. Y sin embargo, insisto. Cuando sientas que te derrumbas, que caes vertiginosamente entre astillas y huesos, entre llantos de arena y aguaceros de vidrio, da un par de aletazos. Y arriba.

Jesús Quintero

# Obras reproducidas

Tapa y pág. 40: *La gran familia,* René Magritte (1898-1967). Colección privada.
Pág. 6: *Los recolectores de habas,* Josephine Trotter (1940-).
Pág. 9: *Signos del jardín,* Paul Klee (1879-1940). Barnes Foundation, Merion, Pensilvania.
Pág. 10: *Noche estrellada sobre el río,* Vincent Van Gogh (1853-1890). Museo de Orsay, París.
Pág. 13: *Borrasca en el Cabo de Hornos,* Nath & James Currier & Ives (1857-1907). Biblioteca del Congreso, Washington.
Pág. 14: *Río brumoso,* Florence Brown Eden. Galería Contemporánea, Jacksonville, Florida.
Pág. 17: *Don Quijote*, Honoré Daumier (1808-1879).
Pág. 18: *Nave aérea a gas,* Artista desconocido.
Pág. 21: *El astrónomo,* Jan Vermeer (1632-1675). Museo del Louvre, París.
Pág. 22: *Siesta del mediodía,* Vincent Van Gogh (1853-1890). Museo de Orsay, París.
Pág. 25: *La pierna larga,* Edward Hopper (1882-1967). The Huntington Library, Art Collections and Botanical Gardens, San Marino, California.
Pág. 26: *Estanque de nenúfares y puente japonés,* Charles Neal (1951-). Byfleet Manor, Surrey.
Pág. 29: *Andy se ha ido,* Tsing-Fang Chen (1930-). Lucia Gallery, New York.
Pág. 30: *Reflejo del sol en el mar,* Nicolas Tarkhoff (1871-1930). Imágenes de Christie's, New York.
Pág. 33: *El brillo del atardecer,* Charles Courtney Curran (1861-1942). Imágenes de Christie's, New York.
Pág. 34: *Jugadores en el campo,* Angel Zárraga (1886-1946). Imágenes de Christie's, New York.
Pág. 37: *La caja del violín,* Suzanne Valadon (1867-1938). Museo de Arte Moderno de la Villa de París.
Pág. 38: *Campo bajo las nubes de tormenta,* Vincent Van Gogh (1853-1890). Museo Van Gogh, Amsterdam.
Pág. 41: *Nadando hacia la luna: #2*, Sherri Silverman. Colección privada.

# Otros libros para regalar

Un regalo
para mi padre

Todo
es posible

Para el hombre
de mi vida

Un regalo
para mi madre

Un regalo
para mi hija

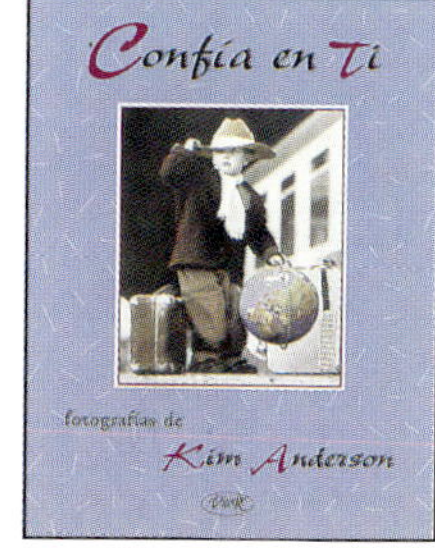


Confía
en ti

Para un hombre
de éxito

Puedes ser lo
que sueñas

Para una
gran mujer